D1662990

© Songdog-Verlag, Bern 2023
Satz: Songdog/Buchwerkstatt.ch
Fotolithografie: Franziska und Fritz Maurer
Druck und Bindung: Kopa, Litauen
ISBN 978-3-903349-20-9

«Kindliches Spiel» und Teile aus «Auf dem Land» flossen als Szenen in den Roman «Jahrhundertsommer» (dtv, 2023) ein. «schön & glücklich» erschien in der Anthologie «Schönheit» in einer Prosa-Variante unter dem Titel «Kieselstein» (Wißner-Verlag, 2018). Die Texte wurden für das vorliegende Buch bearbeitet.

Mit herzlichem Dank an

schön & glücklich

Mine Dal, Fotos
Alice Grünfelder, Text

Songdog

Regennasses Kind
im Schulhof etwas abseits
schaut in den Himmel

Zurückversetzt
versetzt zurück wohin
woran rührt dieses
Gefühl
zu wollen und nicht
gewollt zu werden?

Deshalb nie

Sie schlug zu. Immer. Und wieder. Mit einem Kleiderbügel, mit Schuhen, mit dem, was ihr gerade zwischen die Finger geriet. Und du wusstest nie, wann die Schläge auf dich niederprasseln würden.
Aus bloßer Wut.
Aus Frust.
Keine Ahnung. Du wusstest nur immer besser, wie du dich dagegen schützen konntest. Die Arme schon beim ersten Anzeichen schnell nach oben, die Hände vors Gesicht. Du weintest schon lange nicht mehr.
Ein aufmüpfiges, renitentes Kind warst du, deswegen musste es sein. Mit achtzehn bekamst du zum letzten Mal Prügel, dann zogst du aus.

Deine eigene Tochter schlugst du nie. Gerade deshalb.

Kindliches Spiel

Sie schaute mich an. Erwartungsvoll. Aus rehbraunen Augen.
Ließ alles mit sich geschehen. Hielt ihr kleines Gesicht schräg,
damit ich die Perlen – statt auf Eisenstäbe – in ihre Nasenlöcher
schieben konnte. Zuerst eine himmelblaue, dann eine grüne.
– Bekommst du noch Luft?
Sie nickte nur. Jetzt und auch später schwieg sie.
Ich krieg sie, jubilierte ich. Als das eine Nasenloch mit lauter
bunten Perlen verstopft war, kam das andere dran.
Nach jeder weiteren Perle in das linke Nasenloch schaute ich sie
prüfend an. War das Lächeln noch echt? Wir verzogen uns in die
Garderobe, versteckten uns hinter Kleidern und Stiefeln. Hilflos
sah sie mich an, legte den Kopf in den Nacken, den kurzen
Finger auf die Nase, rutschte hin und her auf der Holzbank.
Eine Perle nach der anderen drückte ich wieder heraus. Hatte
Angst, die Perlen dabei noch weiter hinaufzuschieben.
Wenn du's vielleicht nicht kannst? Wenn sie die Kehle hinunter-
kullern, die Lunge verstopfen, wenn Marija blau anläuft, röchelt,
tot umfällt?
Ich pulte nicht mehr weiter. Still saßen wir da. Bis Tante Gise, die
Kindergärtnerin, auftauchte und Marija fortbrachte.
Blitzschnell rannte ich weg.

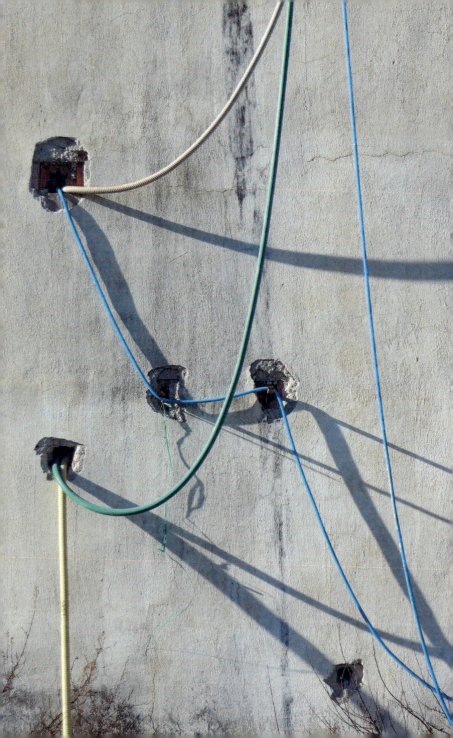

Ein Handschuh im Wasser

Familienausflug. Wie immer, wie jeden Sonntag. Und heute auch noch schönes Wetter. Wir mussten mit, wie jeden Sonntag mit den Eltern paddeln gehen. Wenn es nicht gerade gewitterte, stürmte, hagelte oder wenn nicht gerade Eiskörner ins Wasser fielen. Kein Pardon. Wie jeden Sonntag also zum Bootshaus am Ende der S-Bahn-Linie, die mitten durch den Wald führt. Die beiden Kajaks herausgehievt und ins Wasser gelassen, das schon kalt war für die Jahreszeit. Nur nicht murren, die Hand des Vaters schlug sonst hart ins Genick. Und die Mutter giftete dazu. Zähne zusammenbeißen, glücklicherweise durften wir Brüder heute im selben Boot sitzen.
Sitzen und paddeln, schweigen.
Nah am Ufer blieben wir an diesem Sonntag, ließen uns manchmal treiben, weil wir fitter waren als die Eltern. Ein Ast, Zweige ragten ins Wasser, eine blaue Trainingshose hatte sich darin verfangen. Sven zog sich mit beiden Händen an der Bordwand nach vorn, schaute auf den Ast, die Zweige, die blaue Hose. Der nackte Oberkörper einer Frau ragte heraus, ihre muskulösen Arme schwebten unterhalb der Wasseroberfläche, das Gesicht friedlich, geschlossene Augen. Konnte noch nicht lange so im Wasser liegen.
Ein toter Handschuh trieb vorüber.

Lungenflügel

Schmetterlinge? Ein Kribbeln im Bauch? Kannte sie nicht.
Und wusste auch nicht, was das bedeuten sollte, als sie davon das
erste Mal in einem Heftchenroman las, den sie der Mutter aus
dem Nachttisch geklaut hatte. Später dann, als sie es noch viele
Male lesen sollte, in Büchern, die man ihr brachte, begriff sie: So
schrieb man über Liebe. Und konnte nichts damit anfangen.

Vierzehn. Da war nur immer dieses Ziehen, der Länge nach
fühlte sie sich auseinandergezogen. Die Liebe riss an ihr, von
zwei Enden her. Das Wollen, zum anderen hin, der wollte nicht,
meldete sich nicht, stundenlanges Ausharren vor dem Telefon,
das leiseste Geräusch ließ sie aufhorchen, zu nichts anderem war
sie mehr fähig. Zu nichts. Wie ein Gummiband, das gleich zu
zerreißen drohte. Sie würde hinausschnalzen in die Luft, sich
dort verlieren. Mitsamt ihrer Liebe. So aber saß sie da und
wartete.

Und dieses Warten zerrte an ihr, machte sie manchmal fast
wahnsinnig. Bis er anrief und diese Spannung sich löste und ein
heiteres Lachen. Aufgelöst, ein Glucksen, ein Trällern hüpfte über
ihre Lippen, ein Flattern in ihren Lungenflügeln, die sonst immer
zusammenklebten, die Medikamente würden nicht mehr lange
helfen, viele Freunde waren schon gestorben.

s wie

Der Schlag saß
saß wie nie
tat weh war scharf.
Süß war der Schmerz nicht
sauber der Schnitt
das Blut tropfte wie Suppe.

s wie

Schnitter
Schnittlauch
Schnittpunkt
Schnittmuster
Schnittblume
Schnittmenge
Schnittstelle

s wie

Wie viel?
Hier stehen sie immer. Die Billigeren.
Freiwillig machen die das nicht.
Fünfzig. Ohne.
Die wollens doch.

s wie selig.

Angelockt, verführt, zugerichtet, zur Schlachtbank geführt.
Aber es macht ihnen doch Spaß? Sonst würden sie nicht.
Mann, die haben doch Familie. Für die machen sie es.
Hör doch auf, ihren Spaß wollen sie doch auch.
Wie viel?
Keine Ahnung. Frag du doch.
Jetzt sind sie weg.
Verrichtungsboxen.
Sind sie jetzt billiger? Da fährt doch keiner hin.

s wie sauber.

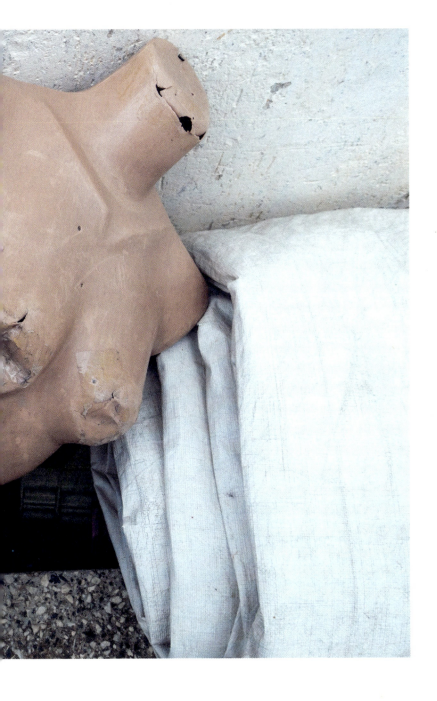

Utopia

Um sieben. Wenn es klingelte, konnte man sicher sein, dass es Erik war. Immer um sieben rief er durch, rief alle der Reihe nach an, ob sie heute Abend. Wie immer. Und sie kamen. Yves, Luc, Marco. Manchmal auch Sabine. Oder Maria. Lust hatten sie nicht wirklich, je älter, je weniger. Sie trafen sich donnerstags, das Wochenende eintrinken, doch dann kam ausgerechnet Erik nicht. Hatte niemandem Bescheid gegeben. Von heute auf morgen. Keiner wusste, wo er war. Bis Sabine seine Kusine traf, und die meinte, er sei nach Indien.

«Da wollte er doch schon immer mal hin», sagte Luc zu Sabine, als sie sich am Samstagvormittag auf dem Gemüsemarkt zufällig trafen, danach zusammen einen ersten Roten tranken. «Sich einfach mal ausklinken, abtauchen, einfach so, das würde ich auch gern mal», sagte Luc ins Weinglas hinein. Luc erzählte es dann auch Yves und Marco, und beide nickten verständnisvoll. Getroffen hatten sie sich danach nicht mehr. Das war Eriks Ding gewesen, der hatte das organisiert, wozu sie eigentlich längst keine Lust mehr hatten, und doch fehlte etwas. Eines Abends klingelte es. Luc ging zum Wandapparat in seiner Autowerkstatt, nahm ab, sein Blick fiel währenddessen auf den Kalender daneben und die Uhr darüber, als er die Stimme hörte.

«Erik?»

«Ja, heute Abend wie immer?», fragte eine Stimme, die Luc nicht ohne Weiteres erkannt hätte, wäre es nicht Donnerstag gewesen.

«Ich geb den anderen Bescheid. Wie immer.»

Und sie gingen hinüber ins andere Stadtviertel, wo sie das letzte Mal zusammengesessen hatten, vor wie vielen Jahren? Die Kneipe war zu, die Läden dicht. Von Erik weit und breit keine Spur.

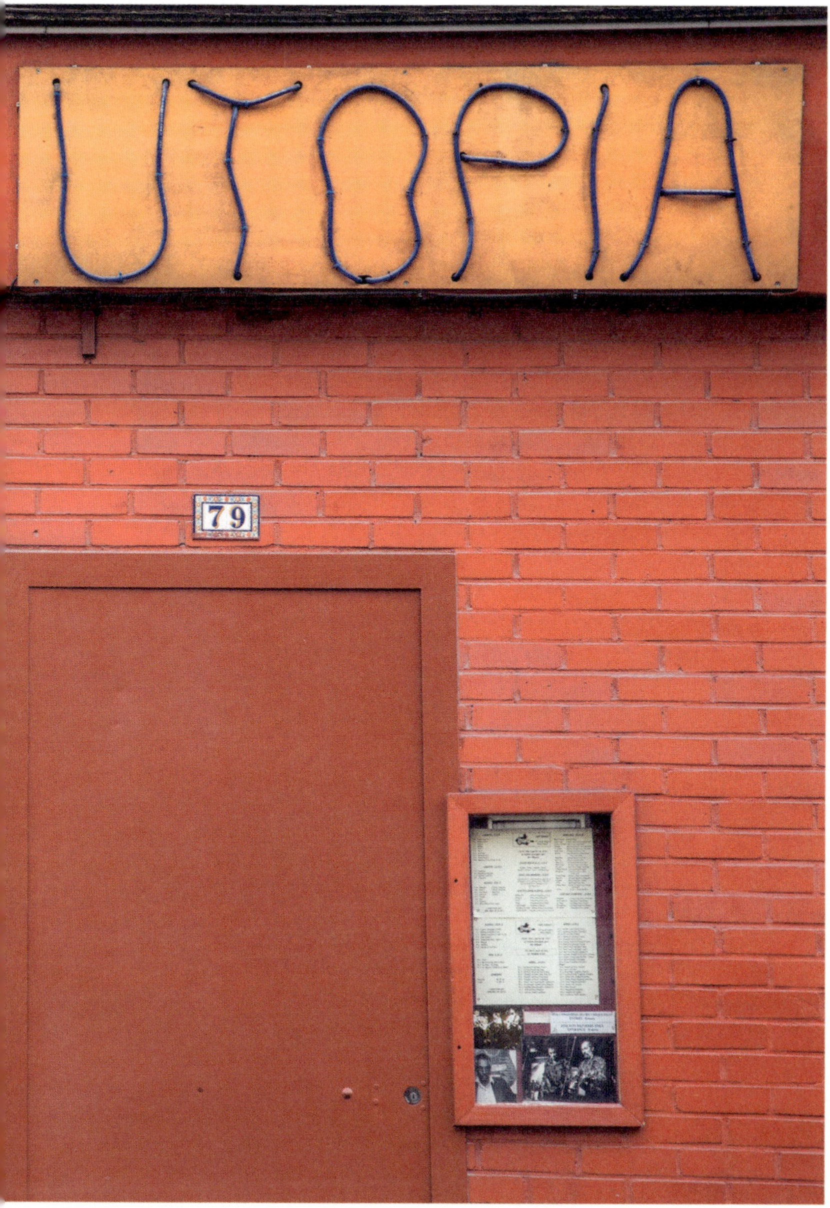
UTOPIA
79

Traumgesicht

Da sitzen sie über Kreuz an einem Tisch, eine Frau an seiner Seite, ein Mann – ihr Mann? – zu ihrer Linken. Da werden die Plätze getauscht, und auf einmal sitzen sie sich gegenüber und fallen hinein in die Augen des anderen. Sehen und hören nichts mehr, saugen sich fest, erheben sich abrupt, als sie merken, dass die anderen zu einem Spaziergang aufbrechen. Sie folgen ihnen, bleiben immer wieder stehen, versinken in Worten, deren Sinn über sie hinweggleitet, beschleunigen ihre Schritte, holen die anderen ein, es soll nicht auffallen. Eine Sonne, ein leerer Tag, eine scharfzüngige Windbö fährt unter ihren Glockenrock. Sie zieht die Häkeljacke enger um die Schultern. Mit bloßen Armen gehen sie nebeneinander her; sie spürt, wenn ihre Unterarme sich streifen, einen feuchten Film auf seiner Haut, er ihre kleinen Schweißperlen. So läuft sie neben diesem Mann, der nicht ihr Mann ist, der geht weiter vorn mit der anderen, der bleibt plötzlich stehen, blickt zurück zu ihr, denn er sieht im Schaufenster ein Geschenk für seine Frau, für sie? Er ruft sie zu sich, sie schreitet aus, dreht sich nicht um, jeder Schritt gehört ihm, alles an ihr gehört ihm, sie spürt seinen Blick über ihren Rücken gleiten dorthin, wo die Oberschenkel sich spreizen.

Beim Abschied geben sie sich flüchtig die Hand, er schiebt da hinein ein Büchlein mit blauseidigem Umschlag, meine Rufnummer, flüstert er – hat er wirklich geflüstert? Sie klappt das Buch auf, darin liegt ein Zettel.

Am selben Tag oder Wochen später, die Sonne noch wärmer, da findet sie das Büchlein nicht mehr, das sie doch so deutlich vor sich sieht, da in ihrer Hand. Sie durchwühlt die Schubladen ihres Schreibtischs, durchsucht den Bücherschrank, mal meint sie, es sei schwarz gewesen, dann blau mit gelb verblichenen Blättern. Der Zettel war doch nur lose eingelegt, womöglich ist er herausgefallen, dann würde sie die Nummer nie mehr, nie mehr finden und auch niemanden fragen können. Und doch sitzt sein Gesicht in ihr, reicht von einem Ohr zum anderen, schaut aus ihr heraus. Da hilft auch kein kaltes Wasser aus der Waschschüssel in der Zimmerecke, rasch ins Gesicht gespritzt. Sie wirft sich aufs Bett, reißt das Laken heraus, drückt sich auf den Bauch, stöhnt und steht wieder auf – da liegt es, als hätte es schon immer dagelegen auf dem Tisch. Und auf dem Zettel sein Name, seine Nummer, genauso, wie sie es erinnert.

Sie ruft an, und sie verabreden sich für den Sonntag, als ob nichts dabei wäre, oder doch ein Aufatmen in seiner, in ihrer Stimme, das vermag sie nicht zu sagen. Für ihn schlüpft sie in ein geblümtes, kurzärmliges Sommerkleid, das sich bäuschelt im Wind, als sie ihre Fahrräder über den mittelalterlichen Platz die Gasse hinaufschieben in ein Viertel, von dem sie schon oft träumte. Gewaltige fensterlose Häuser zu beiden Seiten, in einem ist die Macht zu Hause, sie kommen vorbei an einer gotischen Kirche mit einem schwarzeckigen Maul, in das jeder eintreten kann, sie tun es nicht, schieben die Räder weiter, die Pedale verhaken sich immer wieder ineinander, so dicht gehen sie nebeneinander her, immer mit diesem Metall zwischen ihnen.

    Vor einer Schule, einem flachen, ockerfarbenen Gebäude, bleiben sie stehen. Er reicht ihr seine wissenschaftlichen Aufsätze, eingewickelt in hellbraunes Packpapier, bei ihr seien sie besser aufgehoben. Da ist sie froh, dass niemand sie kennt. Ihr Blick reicht bis zum Fahrradlenker, weiter traut sie dem Blick nach vorn nicht. Da stolpert der Blick und fällt hinein in den staubtrockenen Rinnstein neben der Gehwegkante. Sie hebt die Augen, er schaut sie an: «Hören Sie mir überhaupt zu?»

    «Ja, doch», sagt sie. Dass sie ihn immer lieben wird, sagt sie nicht, duckt sich vor dem Drang, der in sie fährt wie eine Kralle, vor der Kralle, die will, dass sie die Hand nach ihm ausstreckt, ihr Kinn in seine Halskuhle legt, ihn riecht, seine Arme spürt.

Er schaut sie wieder an, und ihr ist, als hielte er sie, als wäre er in ihr, da gelangen sie plötzlich auf einen Platz. Am Rand steht vor einem Laubengang eine Frau, auf die geht er zu, sie küsst ihn auf beide Wangen. Sie grüßt die Frau, die Frau grüßt nicht zurück, sieht durch sie hindurch. Die beiden unterhalten sich, gehen ein Stück zusammen, sie folgt ihnen und will doch die Frau grüßen, die ein flaches Gesicht und einen aschblauen Pullover trägt und sie keines Blickes würdigt, noch immer nicht, auch als sie ihr mehrfach zunickt. Nur er dreht sich nach ihr um, seine braunen

Locken fallen in sein Gesicht, sie will die Hand danach ausstrecken, hält stattdessen den Fahrradlenker fest, klammert ihre Finger um den Griff, dass die Knöchel weiß werden, da fragt er: «Wollen wir noch einmal hinauf in das andere Viertel, dort zu den großen Häusern?»

Sie bleibt stehen, ihre Kehle trocken und ihr Körper eine einzige Sehne. Seine Schwester verabschiedet sich, aber nicht von ihr. Sie schieben die Räder wieder hinauf durch hohle Kopfsteingassen, da lehnt er sein Fahrrad an eine Hauswand, nimmt ihr den Lenker aus der Hand und stellt sich dicht vor sie hin, sodass sie seinen Atem spürt, sein Gesicht ganz nah, ihr Nacken nach hinten gebeugt, sie knickt ein in den Knien, spürt seine Beine, spürt, wie er sie hinaufschiebt, die Beine an sie drückt.

Weit reißt sie ihre Augen auf, um sie herum ist Nacht. Sein Gesicht erschreckt sie wie eine Fontäne aus Licht, es ist ganz nah. Sie kennt es nicht.

Litfaßsäule

Mit schwerem Kopf war sie aufgestanden. Die Yoga-Übung lässt
sie sein. Zu spät. Schlurft in die Küche.
Bringt die Augen kaum auf.
Greift blindlings nach dem richtigen Tee. Demjenigen, der sie
wach machen wird. Wasser aufsetzen. Weiter ins Bad. Ver-
quollene Augen. Der Blick, der Mund, fern das Glück, Wasser
muss fürs Erste reichen. Schrank auf, die japanischen Schön-
heitspillen zwischen die geöffneten Lippen schieben, sie garan-
tieren Schönheit von innen. Nachher noch eine Maske auftragen,
damit niemand heute Abend mehr etwas sieht. Heute Abend.
Sie wendet den Blick ab. Räuspert sich.
Klingt nicht gut.
Wusste sie schon vorher. Hatte ihre Gesangslehrerin immer
gesagt, nur eine, und die würde sich rächen. Dann hilft nichts
mehr. Fast nichts.
Unter Sängerinnen werden die Adressen von Hals-Nasen-Ohren-
Ärzten wie Talismane gehütet. Doch eine Zigarette nach einem
Glas Wein, dann noch eine, selbst der beste Arzt kann da nichts
mehr ausrichten.
Unter die Dusche.
Kaltes Wasser über den Körper fließen lassen, eiskaltes, bis sie
ihn nicht mehr spürt. Den Körper. Das wird sie von nun an jeden
Tag tun. Sich nicht mehr spüren. Sie nickt.
Zurück in der Küche klappt sie den Brotkasten auf. Gähnender
Schlund.
Sie ekelt sich fast vor ihrem eigenen Widerwillen, streift übel-
launig die Kleider vom Vortag über, muss aber hinaus, muss
Croissants holen.
Ein eisiger Wind streicht ihr über den Nacken, zwischen Kragen
und Haaransatz, sie zuckt zusammen, die Schultern verkrampfen
sich.
Nieselregen.
Sie reckt das Gesicht in den trüben Himmel, streckt die Zunge
heraus, weit heraus, ihre Löwenübung. Hoffentlich sieht sie
niemand.
Um diese Zeit sind ohnehin nur die Hundespaziergänger unter-
wegs. Und eine junge Frau, die früh arbeiten muss. Für andere.
Für sie, die jetzt Croissants haben will. Und die ihr freundlich

zulächelt, als sie ihr die Münzen einzeln in die Handfläche zählt.
Ein Mädchen noch. Was bedeutet ihr ein Leben, eine Liebe?
An der Ecke erst hebt sie den Kopf. Sie weiß, was sie erblicken
wird. Dort hängt ihr Name unter seinem an der Litfaßsäule.

Sie sagten

Licht fiel aus dem Himmel genau auf die Flügel, als er sich auf Erikas Schulter setzte. Kurt wollte gerade zum Schlag ausholen.

«Ein Schwalbenschwanz. Die sind selten. Wie kommt der hierher?», fährt Franz dazwischen.

Franz, der Schwachbrüstige, traute sich, Kurt in den Arm zu fallen. Vielleicht weil sie zu fünft unterwegs waren?

Sonntagsausflug zu den neun Linden mit Aussicht auf ein weites Tal, hinüber in ein anderes Land. Sie saßen auf einer karierten Decke unter einem Birnbaum. Frühling. Doch noch zu kalt für Schmetterlinge, eigentlich, erklärte Franz. Der immer alles besser wusste. Den der Pfarrer zu etwas Höherem auserwählt hatte. Weshalb er dem Vater gesagt hatte, der Franz, der solle weiter auf die Schule in der Stadt.

Doch der Vater wollte nichts davon wissen. Franz blieb im Dorf. Half auf dem Hof mit, als Ältester seine Pflicht. Die Geschwister waren alle viel jünger. Kriegsbedingt, nur er war vor dem Krieg geboren.

Der Bruder vom Kurt, der Georg, das war doch der beste Freund vom Franz, sagten sie.

Nur am Sonntag gönnten sie sich mal was. Frühmorgens rasch in den Stall zum Vieh, dann in die Kirche, bloß kein Blick hinüber zu den Mädchen, auch nicht zu den Frauen auf der anderen Seite, der Pfarrer konnte einen deswegen noch Wochen später mitten auf der Straße ausschimpfen. Danach Mittagessen, das war am Sonntag was Besonderes, zuerst Nudelsuppe und dann Fleisch. Später zogen sie zu viert los, immer nur sonntags, mit ihren Motorrädern, auf die sie stolz waren, das Geld monatelang gespart. Erika saß hinter Franz, Waltraud bei Georg. Heute war ausnahmsweise Kurt mitgekommen, er fuhr das neueste Modell, das größte, er verdiente am meisten, ging im Nachbardorf in die Lehre. Erika wäre gern bei ihm mitgefahren, ihre langen Haare im Wind, seinen kräftigen Körper spüren, sich an ihn drücken. So wie sie sich als Kind an ihn gedrückt hatte, wenn der Pfarrer sie beide in den Keller steckte, weil sie die Hausaufgaben wieder nicht gemacht hatten, denn Erika musste helfen auf dem Feld, auf dem Acker, nach den Kühen sehen, da blieb keine Zeit, und sie bekam Schläge dafür in der Schule. Kurt machte sich nie was draus, deshalb bekam er gleich doppelt so viele, die er grinsend über sich ergehen ließ. Und im Keller hatte er auch keine Angst, Erika schon. Bis er nicht mehr in die Schule kam.

Der Kurt wollte die Erika haben, sagten sie.

«Ach du mit deinen Viechern», sagte Kurt und ließ die Hand sinken. Setzte sich neben die Decke auf seine Lederjacke, rauchte eine. Georg, sein Bruder, lockte, Erika bot ihm ein Stück Linzer Torte an, die stieß er weg. Süßkram.
    «Ich mach was Besseres, werdet schon sehen.»
    «Was denn?», fragte Franz.
    «Sei still, Franz», bat Georg, weil er die Wut in den Augen seines Bruders sah. Obwohl er es ihm nie gesagt hatte, wusste Georg, wie sehr sein Bruder den Franz. Und wie sehr er die Erika. Warum das nicht ging, wusste Georg nicht. Und warum die Erika mit dem Franz, seinem besten Freund zwar?

Die passen nicht zusammen, sagten sie.

Die wilde Erika, der schmalbrüstige, altkluge Franz. Sein Bruder tat ihm leid. Und deshalb wunderte sich Georg nicht, als sein Bruder ihm eines Tages sagte, er gehe nach Argentinien. Und dass er es allen zeigen wolle. Was, fragte Georg nicht. Sein Bruder hatte Geld gespart. Den Zug würde er nehmen, eine Schiffpassage kaufen, erzählte er Georg, aber nicht seinen Eltern. Erika werde schon noch sehen, was sie von ihrem Franz hat.
    «Ob er wieder zurückkommt?», fragte Erika den Georg.
    «Ich weiß es nicht.»
    «Vielleicht für immer?»
    «Ja.» Für immer, weg für immer. Was solle er hier im Dorf, warf er seinem Bruder an den Kopf, voller Hass, als der ihn zum Bahnhof brachte. Von dort fuhr er nach Hamburg, kaufte ein Ticket nach Buenos Aires, ihm wurde speiübel auf dem Schiff, doch er übergab sich nicht, schluckte alles hinunter. Alles. Wie er es immer getan hatte.

Der kommt nicht mehr wieder, sagten sie. Und heimlich schreiben die sich Briefe, das wussten sie vom Briefträger.

Jahre später, Erika hatte den Franz, Georg die Waltraud geheiratet, kam Kurt zurück. Ein gemachter Mann, sein Anzug, sein Hemd spannten über dem Bauch. Kleine Äuglein im feisten Gesicht über halslosem Rumpf. Eine eigene Metzgerei im Dorf, die Geldscheine blätterte er dem Besitzer einfach so hin. Dort bei der Eiche, wo das Dorf in die Felder übergeht. Er war nun der Dorfmetzger. Ein gemachter Mann, sagte Georg zu seiner Frau, der Waltraud, immer wieder, wenn er spätabends von der Schicht nach Hause kam. Er gönnte es seinem Bruder nicht. Wollte das Haus und den Hof der Eltern für sich haben, die gleich nach Kurts Abreise gestorben waren, kurz hintereinander, die Mutter nach dem Vater, die hatte noch gewartet und gehofft, der Kurt käme noch einmal. Doch der kam nicht und ließ auch Georg allein mit dem Ganzen. Warum sollte der ihm jetzt was davon abgeben? Die Brüder sahen sich nicht, der Georg wohnte ohnehin in einem anderen Dorf.

Der Erbstreit, sagten sie, der setzte Kurt zu.

Seine Würste waren legendär, die Steaks bestellten sie sogar aus der Stadt, die konnte Kurt wie kein anderer. Hauen, stechen, schneiden, und immer am Mittwoch schoss er die Schweine hinten im Hof, von den Bauern zu ihm gebracht. Kurt nahm nicht alle, suchte die besten aus, zahlte dafür auch ein bisschen mehr. Die Rinder holte er selber aus den Ställen, er wusste, welcher Bauer mit seinem Vieh gut umging, das schmeckte man. Er gab den Bauern vom eigenen Fleisch auch immer ein bisschen mehr als die Metzger aus den anderen Dörfern. Das froren sie ein und tauten es am Sonntag auf. So kam man auf dem Land durchs Jahr.

Sie sagten, er hätte da eine.

Die Gerda, die arbeitete an zwei Tagen die Woche bei Kurt, am Samstag, weil da viel los war, und am Montag. Dann stopfte er ihr die ganze Tasche voll für die Kinder daheim, ihr Mann war vor zwei Jahren mit dem Traktor umgestürzt, sofort tot.

Großzügig ist er, und den Kindern gibt er immer eine extra Scheibe Wurst, sagten sie.

Ich ging immer gern zu ihm, wenn meine Oma uns Kindern auftrug, einkaufen zu gehen. Mir gings um die Wurst. Zum Bäcker konnte meine Schwester gehen, der war näher und sie jünger. Zum Metzger fuhr ich mit einem zu großen, schwarzen Fahrrad quer durchs ganze Dorf. Das dauerte, aber ich musste dafür nachmittags nicht mehr mit aufs Feld.

Die Frau ist ihm davon, er hat sie immer verprügelt, sagten sie.

Die Metzgerei hatte Kurt um eine Etage aufstocken lassen, doch die Wohnung, eine schöne, blieb leer. Er wohnte weiter hinten im Hof, bis spät nachts brannte Licht, doch niemand sah, was er tat. So spät in der Nacht.

Krank ist er, sagten sie.

Fleisch wurde billig angeboten, immer billiger, das Kilo heruntergesetzt auf 3,99, wie sollte er da noch? Sein Gesicht wurde immer fleckiger. Kurt sprach immer weniger, ließ immer öfter seine Angestellten das Fleisch zuschneiden, obwohl er es war, der das am besten konnte. Schloss die Metzgerei nicht mehr nur am Mittwochnachmittag. Schoss hinten im Hof die Schweine, Blut floss über den Boden, das sammelte er in einer Rinne. Für seine Blutwürste. Das konnte er. Nun schloss er auch am Dienstagnachmittag und manchmal unter der Woche schon um fünf Uhr, obwohl doch auf dem Ladenschild stand: bis sechs geöffnet.

Am Dienstag geht er immer zum Arzt, sagten sie.

Erika und Franz waren schon lange weggezogen, und immer, wenn sie zurückkam und er das hörte, holte Kurt sein Motorrad aus der Scheune. Aber Erika schickte bloß die Kinder zum Metzger, sie selbst kam nie. Da verkaufte er das Motorrad wieder. Doch davor fuhr er noch einmal hinauf zu den neun Linden mit der Aussicht in das weite Tal, hinüber in das andere Land, dahinter das Meer.

Als Gerda am Donnerstagmorgen wie immer um acht Uhr die Tür aufdrücken wollte, wäre sie fast mit der Stirn gegen die Glasscheibe geprallt. Die Tür war verschlossen. Gerda trat einen Schritt zurück. Das hat es noch nie gegeben, dass der Kurt. Sie sah am Haus hoch, ihr Blick glitt über die Fensterfront der Metzgerei. Die ersten Frauen kamen schon. Gerda zuckte mit den Schultern, sie wisse auch nicht. Einen Schlüssel hat er ihr nie gegeben. Sie lief ums Haus, rief seinen Namen, überall roch es nach Blut, wie immer am Donnerstag, da war der Geruch manchmal fast unerträglich. Der Kleinlaster, mit dem Kurt übers Land zu den Bauern fuhr, stand nicht in der Scheune. Gerda zog die Tür zum Schlachtkeller auf. Der Schussapparat für die Schweine, den er ihr einmal erklärt hatte, lag am Boden. Wohl mitten in der Nacht, sagte der Amtsarzt, den andere geholt hatten.

Seine Familie wollte nicht darüber reden, man wisse nichts, niemand wisse etwas, sagten sie.

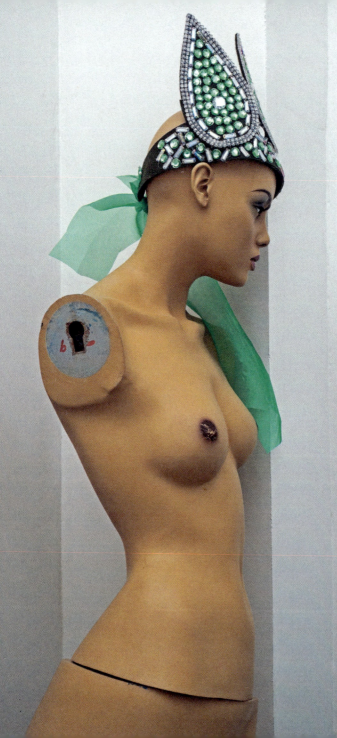

Ich könnte das nicht

In einem Café in der Wrangelstraße wart ihr verabredet, du
hattest in derselben Straße ein kleines Zimmer gemietet, die
Vermieterin, eine Keramikkünstlerin, bewohnte den vorderen
Teil der Wohnung. Julia ging hier um die Ecke zweimal die
Woche zur Schule. Berufsschule. Machte eine Buchhändlerlehre
in Berlin und ging also in dieses Backsteingebäude, wo bleich-
gesichtige Buchhändler sich krass abhoben von KFZ-Mecha-
nikern und Einzelhandelsverkäuferinnen. Du hast dich nur
einmal mit Julia dort vor der Schule getroffen, sie jedoch fast
nicht gesehen zwischen all den Kopftüchern und Trainings-
anzügen, so geduckt zwängten sich die Buchhändlerinnen
seitlich durch das Schultor.

«Wie machst du das?»
«Was?»
«Mit all diesen ...» Du schrecktest vor dem Wort zurück, schautest
dich um.
«Ich geh doch mit denen nicht in dieselbe Klasse. Was meinst du
denn.»

Also ich könnte das nicht, dachtest du, als ihr an einem Armee-
zubehörladen vorbeikamt, vor dem olivgrüne T-Shirts in einem
Karton lagen. Vor dem Fall der Mauer wurde dieses Stadtviertel
gemieden, und Leute aus deiner Stadt kamen nie hierher, außer
Julia eben. Julia war die Einzige, mir der du dich drei-, viermal
getroffen hast. Nicht viel in den zwei Jahren, die du Germanistik
und Geschichte studiertest. Ihr kamt einfach nicht dazu. Immer
war was los. Eine Hausarbeit, ein Referat. Um Geld zu verdienen,
nebenbei, fuhrst du oft am Wochenende und in den Semester-
ferien zurück nach Hause und arbeitetest dort in einem Café.
Damit kamst du über die Runden. Knapp, aber es reichte.

Du vergrubst dich gern in der Bibliothek, machtest Tutorien,
warst Mitglied in einer Schreibgruppe, bewegtest dich aus-
schließlich an der Uni, das war deine Welt, und war es auch wieder nicht. Du schwanktest. Die Kritik von Professoren trugst du
wochen-, monatelang mit dir herum. Das kratzte inwendig in dir.

Julia lachte nur, wenn du davon erzähltest. Die hatte andere Probleme. Ein Buchhändlerpaar, das seine Zänkereien auf den Rücken der Lehrlinge auslebte, und sie fragte sich, ob sie die Lehre überhaupt würde zu Ende machen können, weil der Laden so schlecht lief.

«Klar», sagte Julia, «die fahren auch immer mit dem Taxi zum Essen. Logisch, dass dann nicht so viel übrig bleibt am Ende des Monats und sie wieder mit dem wenigen Geld auf den verschiedenen Konten rumjonglieren.» Und leider kamen auch viel zu wenig Kunden, die am ohnehin noch spärlichen Wissen von Julia interessiert gewesen wären, kamen mit absonderlichen Wünschen, wenn überhaupt, nach einem Buch, das ganz sicher vor zwei Wochen dort in der Ecke des Schaufensters gestanden habe, orange sei der Einband gewesen, ganz sicher. Aber Hauptsache, es kam überhaupt jemand. Denn sonst musste Julia oft tagelang Bücher abstauben. Du könntest das nicht. Wo Bücher dir alles bedeuteten. Doch über Inhalte wollte Julia nicht reden. Du interessiertest dich damals für die Lyrik des 19. Jahrhunderts, für die Naturdarstellungen bei Adalbert Stifter. Spürtest darin etwas von der Kleinstadt, aus der ihr beide kamt, ohne dass du es hättest benennen können. Und so schreiben konntest du nicht. Deine ersten Texte fielen in der Schreibgruppe durch. Daraufhin wechseltest du die Gruppe, es gab etliche in der Stadt, die sich an ihrem Vorbild Handke abarbeiteten. Je innerlicher, desto intensiver. Das wolltest du auch, aber es gelang dir nicht. Nicht einmal ein Achselzucken gab es als Kommentar, als du deinen Text vorgelesen hast, eine blanke, absurde Geschichte, hatten sie überhaupt zugehört? Dann der nächste Text. Noch innerlicher. Noch besser. Vielleicht warst du noch zu jung dafür, dachtest du. Dachten das die anderen vielleicht auch?

Julia erzähltest du nichts davon. Sie hätte dich ausgelacht. Und auch sonst wusste es keiner. Und du schriebst auch immer weniger, schriebst stattdessen immer längere Hausarbeiten, bis eine Professorin sagte, über vierzig Seiten nehme sie nichts mehr an. Das sagte sie einmal am Ende eines Seminars, schaute dabei aber nur dich an. Du wurdest rot. Fühltest dich ertappt. Beschuldigt. Diesmal kratztest du dich inwendig blutig.

Fuhrst am Wochenende zurück nach Hause, mitten hinein in den Jahresumzug der 40-Jährigen. Du hattest von irgendwoher eine Sonnenblume und drücktest sie einem Mann mit Zylinder in die Hand, dessen Strauß der kleinste war. Er lächelte dich an, bedankte sich mit einem leisen Kopfnicken. Hier verstandst du die Zeichen, hier wurdest du verstanden und wusstest, wie dich verhalten. Überlegtest du, als du im Café saßest und nachmittags um vier dein erstes Viertele schlürftest. Und Erik erzählte dir von seinem Scheiß-Chef und dass der. Und am Montag würde er blaumachen. Und das ganze Wochenende, da würde er es sich voll geben. Dieser Scheiß-Chef. Der kommandiere ihn nur rum. Er hätte immer die schlechtesten Jobs von allen, zugige Baustellen, überhitzte Keller, Schlitze klopfen, er zeigte dir seine geschwollenen Hände, rote Wurstfinger, verbotest du dir zu denken, eine abgegriffene Metapher, doch der Kontakt zu Leuten wie ihm war doch so wichtig, um authentisch schreiben zu können.

Nach dem zweiten Viertele gingst du, Erik hatte es nicht einmal gemerkt, der hing tief über seinem Bier, vor ihm eine Reihe leerer Flaschen, damit der Barkeeper, wenigstens er, den Überblick behielt. Du grüßtest ihn kurz beim Hinausgehen, zeigtest mit dem Kinn auf Erik, Garry zuckte nur mit der Schulter. Er verdiente immerhin an ihm.

Am nächsten Tag arbeitetest du im Café, du miedest dein Zuhause, wo du am Schweigen und an den stillen Vorwürfen erstickt wärst. In Berlin studieren. Wo gab es denn so was. War dir die Kleinstadt nicht gut genug? Wolltest was Besseres sein? Eine Lehre als Krankenschwester. Die werden gebraucht. Die brauchen wir, wenn wir mal alt sind. Und du? Denkst nur an dich. Du schütteltest dich beim Gedanken. Dass da eine studiert. Und was Besseres sein wollte. Sie waren dir wohl nicht gut genug, was? Die Schwester, ja, die lernte was Richtiges, die bekam auch den Bauplatz. Die würde ja nicht wie sie das Geld in Bärlin aus dem Fenster werfen. Bei der Schwester wäre der Bauplatz schließlich besser aufgehoben. Die will auch bald den Josef heiraten. Familie. Enkelkinder.

Daran verschwendetest du keinen Gedanken, das stimmte. Denn nur schon beim Gedanken daran wurdest du ganz steif. Und da halfen dir auch nicht deine langen blonden Haare, immer gab es da einen Mann, eine Kommilitonin, die dich verbandeln wollte, und immer wurde alles ganz steif. Schobst eine Hausarbeit vor und einen dringenden Abgabetermin. Eigentlich hättest du schon vorgestern abgeben sollen.

Fuhrst du an den Wochenenden einmal nicht nach Hause, verbrachtest du die Tage am liebsten in der Gemäldegalerie, auch dort wieder 19. Jahrhundert. Das war deine Zeit. Alleine. Meistens. Einmal musstet ihr in einer Zweiergruppe den historischen Hintergrund bestimmter Bilder analysieren, der mit Symbolen angedeutet wurde. Grundstudium halt. Du lächeltest in dich hinein. Das Los zog Martin, du konntest den Partner nicht mehr wechseln. Ihr traft euch an der Museumskasse, er ging direkt zum Bild, während du dich für den Kontext interessiertest, in dem es hing, für die anderen Bilder im Raum, die den historischen Begleittext bildeten, den hättest du ihm gern erklärt.

«Meinst du», sagte er, und: «Mich interessiert nur das hier. Und lies besser nochmal den Auftrag durch.»

Du machtest dir Notizen zu dem Bild, Martin gar nichts. Du wolltest deine Erkenntnisse nachher mit ihm im Museumscafé diskutieren, sie zusammenfassen und damit die Grundlage für die gemeinsam abzugebende Semesterarbeit schaffen, er wollte in ein Konzert, schaute ständig auf die Uhr und sagte schließlich: «So wird das nichts. Ich schreib dem Prof, dass wir jeder eine eigene Arbeit abgeben.» Er bekam eine 1, du eine 2.

Du verstandst die Zeichen nicht. Diese Welt. Worauf es ankam. Und fuhrst schon am Donnerstag wieder zurück nach Hause, tratst am Samstag deine Caféschicht an. Am Sonntag dann hatte dein Vater einen Schlaganfall. Nun wurdest du gebraucht.

Auf dem Land

Jetzt ging es. Jetzt durfte ich kommen. Nach allem, was passiert
war. Der Boden unter den Füßen, weg war der, hast du geschrieben. Nur warum, hast du nicht geschrieben. Deshalb wollte ich ja
kommen. Aber zuerst wolltest du nicht. Später dann doch. Wie
viel später, wie lange es her war, das Ganze, habe ich nie überlegt,
war auch nicht wichtig. Wie gut kannten wir uns? Verwandt
waren wir, das schon, Kusinen. Wie kennt man sich, wenn man
verwandt ist? Und sich nur alle paar Jahre sieht. Wenn jemand
heiratet. Stirbt.

Wütend warst du, als ich dich an einem Sonntagnachmittag
getroffen habe. So wütend. Aber keine rote Wut, hätte nicht zu dir
gepasst, so gut kannte ich dich immerhin, eher eine stille, die
noch immer, nach Wochen, Monaten, noch immer in dir hockte.

«Ihm eine scheuern, das hätte ich tun sollen, damit er es
merkt. Doch er schlief ein. Neben mir auf dem Sofa. Und ich saß
da, wusste nichts mehr», hast du mir erzählt, als wir nebeneinander hergingen, vorbei an sommerlichen Feldern.

«Was ist schon dabei, stell dich nicht so an, war ja nur eine
Nacht», hat er dir erklären wollen und gegrinst. Sei ja immerhin
mit keiner fremden Frau, sondern mit deiner besten Freundin
gewesen.

Da warst du gerade bei deiner Mutter, zweihundert Kilometer
weiter weg in Detzingen, bist bei ihr auf dem Sofa gesessen und
hast gesagt: Endlich. Sei alles gut. Alles habe sich eingerenkt. Die
letzten anstrengenden Jahre mit dem Umzug, mit dem Neu-
beginn, mit dem Studium, alles hast du hinter dir gelassen. Uwe
sei endlich erwachsener geworden, hänge nicht mehr mit jeder
Faser an dir. Alles sei gut, fühle sich gut an, hast du deiner Mutter
in jener Nacht auf dem Sofa erzählt.

Du verstummtest, nahmst nur den Schotterweg vor dir ins
Auge.

«Unselbständig war er. Wie ein Kind. Keine Entscheidung
konnte er allein fällen. Fragte mich, was er morgens anziehen soll.
Stolzierte mit immer neuen Schuhen an den Füßen an mir
vorüber. Ich soll ihm sagen, welche heute passen würden. Wie das
Wetter wird, ob er lieber Hemd oder Pullover. Und im Restaurant,
was er bestellen soll. Und danach war es doch immer das Falsche.
Bis auf den letzten Knochen hat er mich ausgesaugt. Ließ mich

keinen Augenblick allein. Machte mir das Atmen. Unmöglich war
es geworden», sagtest du leise, starrtest auf einen Punkt andert-
halb Meter vor dir auf dem Weg, der sich sanft an den Waldrand
schmiegte und zwischen den Wiesen leicht anstieg.

«Uwe wirkte doch nach außen gar nicht so», wunderte ich
mich.

«Das meinten immer alle. Haben wir auch so hingestellt.»
Doch du wolltest das eigentlich nicht. Nach außen hin so tun. Als
sei alles so.

«Aber all die letzten Jahre?», warf ich ein.

«Ja», lachtest du trocken. «Alle hatten Mitleid. Mit ihm! Weil
er stöhnte, dass er abends die Kinder ins Bett bringen muss. Den
ganzen Rest», sagtest du. Mit einem ungläubigen Staunen, noch
immer, deine Stimme ein wenig lauter, daran merkte ich die leise
Wut.

Du und die Kinder. Keinen Platz gab es dafür in seinem
Leben. Er sei damit überfordert gewesen, an mehr als an sich und
seine Arbeit. Einen anderen Gedanken auch nur zu denken.

«Arbeit, Haushalt, Abendschule. Nichts hat er mir abge-
nommen. Er konnte einfach nicht. Das ging nicht in seinen Kopf.
Vor dem Umzug war ich schon einmal kurz davor.» Deine
Stimme nun so hart. Drohend fast.

Du hast lange als Sekretärin gearbeitet, hast dir alles gut
überlegt, das Leben gut zurechtgelegt, wie es sein soll. Aber deine
Stelle. Mehrmals wegrationalisiert. Oder die Betriebe haben Kon-
kurs anmelden müssen. Immer musstest du von vorn anfangen:
suchen, bewerben, arbeiten. Gekündigt wurde betriebsbedingt.
Und der Lohn jedes Mal weniger. Schließlich was Eigenes, nicht
mehr länger von anderen abhängig sein. Überhaupt, die Arbeits-
bedingungen. Eine Agentur für Sekretariatsarbeiten hast du ge-
gründet, dich durchgebissen durch die Akquise, konntest bald
schon Leute einstellen. Doch dann. Die Kunden wollten für dieselbe Leistung immer weniger zahlen. Irgendwann rechnete sich
das nicht mehr. Wann war der Punkt gekommen, an dem du dir
gesagt hast: Jetzt hole ich alles nach, alles, was mir als Kind, als
Jugendliche verwehrt worden war? Weil du damals keine Unterstützung bekommen hast? Weil dort im Dorf, aus dem du kamst,
sich alles nur um Hof und Feld drehte. Keine Zeit für Hausauf-

gaben, Bildung wurde misstrauisch beäugt, das war was für andere. Der Vater so streng, da gab es kein Aufmucken, selbst die Stiefel musstest du ihm nach der Arbeit auf dem Acker putzen. Früh bist du weg von Zuhause. Hast nach einem Intensivtraining sofort eine Stelle als Sekretärin gefunden, wolltest nie wieder was mit dem Dorf zu tun haben.

Den Punkt, wann du deinen Lebensplan neu überdacht hast, habe ich nicht mitbekommen. Deine Unzufriedenheit schon. Und dass du hin und her überlegt hast. Nein, so war es nicht, du hast nicht überlegt. Nur wie es gehen soll, war nicht so ganz klar. Dass es nicht einfach sein würde. Das hab ich dir zurückgeschrieben. Du aber. Wird schon. Jetzt jedenfalls alles nachholen: das Abitur, ein Jura-Studium.

«Doch warum bist du zurückgegangen zu deiner Mutter?» Verstand ich nicht. Ein Leben im Dorf. Ich wäre erstickt.

«Nur hier kriegte ich einen Studienplatz für Jura», erklärtest du. «Wegen Numerus Clausus. Zuerst wohnten wir in Detzingen. Konrad konnte ich hier einschulen lassen. Die Kleine im Unikindergarten. Bis die.»

Wir noch immer auf dem Sommerweg hinauf zu einem eingezäunten Wäldchen, du suchtest nach Worten. «Bis diese Frau, die mal meine beste Freundin war, mir vorschreiben wollte, wann ich Anna bringen und abholen soll. Weil sie mich nicht mehr sehen will. Mich! Die hat den Spieß umgedreht. Uwe hat diese Frau nicht davon abhalten können. Also Anna raus. Nach den Sommerferien ging sie hier im Dorf in den Kindergarten. Nach allem, was passiert war. Kontrollierte er nun mich. Verlangte für jeden Schritt Rechenschaft. Ich konnte nicht mehr.» Du stöhntest. Fast zuckte ich deswegen zusammen. Das erste Mal, dass es so tief aus dir stöhnte. Als ob sich tief in der Erde ein Tor langsam öffnete, ein altes, rostiges. Ich schaute aus den Augenwinkeln zu dir hinüber. Nicht zu sehr. Nur ein wenig, damit du es nicht sehen würdest. War da was? Eine feine Spur nur. Abgeklärtheit. In den schmalen Falten rund um deine Augen. Oder doch nicht. Nur eingebildet.

«Uwe habe ich vor die Tür gesetzt.» Die Luft tief eingeholt, als du es sagtest. Und dann nichts mehr. Nur der Kies unter unseren Sandalen.

Das war ausgerechnet dir passiert. Dir, der doch sonst nie was zu viel wurde. Vollgepackt dein Leben. Unerschütterlicher

Optimismus. Wie machst du das? Beneidenswert. Wie oft dachte ich das und suchte den Wurm.

«Und dann gings los. Man grüßte mich nicht mehr. Wechselte die Straßenseite, tuschelte hinter vorgehaltener Hand.»

Du schautest hinüber zu dem viereckigen Stück See zwischen den Bäumen am Ufer, starrtest wieder auf einen unsichtbaren Punkt vor dir.

«Was man so nur aus alten Filmen kennt? Ich glaubs ja nicht», fuhr ich dazwischen.

«Ja, hier auf dem Land, wo doch alles so idyllisch ist.» Dein Arm ging in einem weiten Bogen über die Wiesen. «Die Kinder haben es gut hier, die kann ich auf die Straße zum Spielen schicken. Doch Anna wurde von Kindergeburtstagen, zu denen sie vor den Sommerferien eingeladen worden war, einfach wieder ausgeladen. Konrads Lehrer meinte, ich muss den Kontakt zum Vater zulassen. Der Junge spricht nicht mehr, seit Wochen nun schon. So verschlossen. Was hätte ich sagen sollen. Dass der Vater, dass der es nicht schafft, weil er jetzt dreimal pro Woche zum Therapeuten muss?», fragtest du mich. «Dass er schon immer überfordert gewesen war, jetzt erst recht?»

Was hätte ich sagen können. Ich kannte so was nicht.

«Und auf dem Fußballplatz plötzlich hinter mir. Stupsten mich an. Wildfremde Frauen. Was denn nun sei, das müsse man schon wissen, ob ich den Nachnamen behalte. Und überhaupt.»

«Wie kann man nur so dreist sein? Und was hast du gesagt?»

«Gar nichts.»

Ich wunderte mich.

Du zucktest mit den Schultern. «Hätte ich was gesagt, die Kinder, ich dachte. Die würden dann darunter leiden. An einer Straßenecke haben sie mich einmal abgepasst, weil man mich mit einem anderen gesehen hat. Nur weil ich zufällig mit einem Nachbarn auf den Bus gewartet habe.»

Frauen mit Kinderwagen wie Kampfgeschosse. An solche habe ich gedacht, habe sie mir vorgestellt, diese Kampfkindermütter in beigefarbener Dreiviertelhose und mit Gesundheitstretern an den Füßen. «Solche?», fragte ich. «Die sitzen wohl gerade zu Hause und kochen nach, was die Kochsendung am Vorabend farbenbuntfröhlich vorgekocht hat.» Wir lachten unfröhlich.

«Spätgebärende, allesamt, ich bin die jüngste Mutter, passe nicht hierher, als alleinerziehende Studentin erst recht nicht. Die haben tatsächlich Angst, ich geh jetzt auf Männerjagd. Doch der Hammer ist», und das sagtest du lächelnd, «dass Konrad bei den Fußballspielen plötzlich immer auf der Ersatzbank saß. Ich fragte den Trainer, warum. Der hat gesagt, man braucht eben elterliche Unterstützung auf dem Platz. Ich verstand nicht.»

«Was hat er gesagt?»

«Ich hab nicht nachgehakt.» Du verstummtest. Dann leiser. «Ausgerechnet der Trainer, dem ist die Frau davongelaufen, doch das zählt nicht. Der drillt seine Jungs zu Fußballprofis, der eine wird's, den anderen schlägt er nach dem Training fast immer halb tot. Die Nachbarn hören weg. Der hat sich einfach umgedreht, als ich ihn gefragt habe. Drei Mal ging das so. Konrad immer auf der Ersatzbank. Dann ging ich wieder hin. Hab ihn gefragt, wieso mein Sohn?» Seit Wochen hattest du dir eine Erwiderung zurechtgelegt. Die du nun Wort für Wort ausspucktest.

«Konrad kam die Woche drauf vom Training nach Hause. Nie mehr wieder will er da hin, hat er geschrien. Warum, hab ich ihn gefragt. Warum, hat er nicht gesagt, doch ich blieb stur, wollte eine Antwort haben, bis er aufschrie, sich die Ohren zuhielt und heulte und endlich sagte, was der Trainer vor allen anderen gesagt hat. Seine Mutter eine Schlampe.»

Auf dem Land, da gibts koa Sünd, sang ich leise vor mich hin, mehr fiel mir dazu nicht ein. Du sagtest nichts. Nie neigtest du zu Übertreibungen. Warum sollte ich dir nicht glauben?

Zwischen den Bäumen blitzte ein Stück See. Früher gingen Frauen wie du mit ihren Kindern ins Wasser. Auch heute noch, habe ich kürzlich gelesen, schnellt die Selbstmordrate von Frauen nach der Trennung in die Höhe.

Wir gingen zu dir, durch den Flur in die niedrige Stube eines alten Bauernhauses. Die Kleine sprang an dir hoch. Konrad drückte sich an deinen Oberschenkel. Glücklich, alle drei. Kämpfen. Ausharren. Nie den Mut fahren lassen. Woher nur nahmst du immer diese Kraft?

«Bist du später nochmal zum Trainer, hast ihn zur Rede gestellt?»

«Nein, der ist selbst ein Opfer, und die Opfer sind immer die, die es einem noch schwerer machen.»

«Und Konrad?»

«Spielt nicht mehr im Verein, kickt nur noch auf der Straße rum. Aber das wird schon. Nächste Saison melde ich ihn im Nachbardorf an», sagtest du mit fester Stimme.

Und da soll es besser sein, fragte ich nicht. Fragte nicht noch einmal, warum du zurückgekehrt bist an einen Ort, den du doch hinter dir lassen wolltest. Verstand noch immer nicht. Zurück zu deiner Mutter, meiner Tante. Keine andere im Dorf kippte so viel wüsten Hohn über unverheiratete Paare und ledige Mütter, wenn wir an den Abenden auf Holzbänken unter blutroten Geranien saßen. Ich schlich mich immer erschrocken davon. Oder wenn sie zum Frisör ging, einmal im Monat, um ihre Haare richten zu lassen, von der Feldarbeit oder Färberei ruiniert. Wie sie ihr Gesicht in Falten zog. Den Mund spitzte. Süß säuerlich ihr Gift verspritzte. Einmal habe ich ihr den Geldbeutel dorthin bringen müssen, weil sie ihn zu Hause vergessen hatte. Ging rückwärts wieder zur Tür hinaus.

«Bist also zurückgezogen», sagte ich leise, bemühte mich, zwischen den Wortritzen nur ja keine Verwunderung anklingen zu lassen. Nach der Mutter fragte ich nicht. Solltest du nach allem, was sie früher über «solche wie dich» verbreitet hatte, nicht vor Scham im Boden versinken?

Die Wohnung in Detzingen, die war zu groß, zu teuer, konntest du dir nicht mehr leisten. Eine neue als alleinerziehende Studentin mit zwei Kindern hast du nicht gefunden. Die Wohnung im Seitenflügel des Hofes deiner Eltern, wo früher die italienischen Gastarbeiter, später die griechischen untergebracht worden waren, die wurde frei. Du zogst ein.

Nie, nie, ich duckte mich, nie wäre ich zurückgegangen, immer nur die größtmögliche Stadt, um darin zu verschwinden. Als hätte mich dieser Umzug, dieser Rückzug. Als hätte der mich am Kopf getroffen.

«Den Kindern gefällts hier», sagtest du.

Eine Rechtfertigung? Wieder schaute ich dich von der Seite an. Doch da war nichts. Kein bitterer Zug um den Mund. Keine hängenden Mundwinkel. Keine Selbstgerechtigkeit. Ausreden. Hätte ohnehin nicht zu dir gepasst.

«Und nein, die Mutter hat keine Zeit für die Kinder, auf sie kann ich mich nicht verlassen.» Du bist aufgestanden, hast die Fenster geschlossen. «Damit uns niemand hört. Die von oben.»

Dann weiß es das ganze Dorf.» Du gingst zurück zum Sessel. «Wegen dem Kindergarten. Wegen den Öffnungszeiten, damit kann keine Frau arbeiten gehen, habe ich eine Anfrage ans Gemeindeamt geschickt. Mein erstes juristisches Lehrstück.» Ein erstes Auflachen heute von dir. «Der Bürgermeister, mein Onkel, hat sie abgeschmettert. Im Dorf gibt es keine alleinerziehenden und arbeitenden Mütter, und wenn, dann sollen sie sich überlegen, ob sie hier am rechten Ort sind. Hat er in aller Öffentlichkeit gesagt.» Die halbe Verwandtschaft wechselte von da an kein Wort mehr mit dir, selbst nachdem der Onkel bei der nächsten Wahl durchgefallen war. Das hat mir meine Mutter erzählt. Die fährt manchmal hin ins Dorf. Fragt sich herum und durch. Und ruft mich dann an, wenn es was gibt.

Einige Monate später kam ein kurzer Brief von dir. Du hättest da einen Mann kennengelernt. Einen Grafiker, sein Geschäft gehe gut, nebenbei illustriere er Kinderbücher, das würde mir gefallen. Zu Uwe hast du keinen Kontakt mehr. Das Sorgerecht nun für dich allein. Das zu bekommen. Er sei ja Geschäftsmann, wohlangesehen im Dorf und überhaupt. Eine juristische Höchstleistung sei das gewesen und stolz darauf. Du seist nun sehr glücklich.

Ich legte den Brief zu den Karten, die du mir geschickt hast. Rechnungen und Listen schoben sich darüber, Zeitungsnotizen, die einzuscannen waren. Schließlich dachte ich nicht mehr an dein Glück, wusste darauf auch keine Antwort. Glück ist nichts, was einen bewegt. «Glück wird überschätzt», las ich eines Tages als Überschrift über einer Zeitungskolumne. Und wie du in deinem Glück. Dem prallen Leben. Das andere wohl vergessen hast, dachte ich kurz.

An Weihnachten telefonierte ich mit meiner Mutter. Du seist im Krankenhaus, hat meine Tante ihr erzählt. Lungenkrebs. Die Kinder schon beim Vater.

schön & glücklich

Als seine Worte an ihr Ohr dringen
reißt etwas:
Der Atem stockt
sie sperrt den Mund auf wie ein Karpfen an Land,
der sich schüttelt, der zuckt, nicht mehr länger aufmuckt
spürt erst da ein Ziehen zwischen den Schulterblättern
schließt die Augen
glaubt es nicht, kann es nicht glauben
zwingt sich, die Worte von seinen Lippen zu saugen.
Doch da ist nichts, wonach sie greifen könnte
womit auch
seine Worte kratzen wie Spiegelsplitter
werden zu Fratzen
zu Klötzen
stürzen zusammen
dumpfes Echo nur
der Sinn all dessen sickert langsam in sie ein.

Als er um die Ecke geht, wie vom Sonnenstrahl verschluckt,
erst da versteht sie.
Hat sie ihm geantwortet
oder sich die Antwort bloß gedacht,
weiß sie später nicht mehr zu sagen.
Jedenfalls hat sie diese Antwort immer wieder neu gedacht
ihm in Gedanken nachgeschrien
gern hätte sie höhnisch gelacht.

Sie taumelt tagelang, wochenlang in dieser Wort- und
    Gedankenspirale
wie lange?
Auch das weiß sie später nicht mehr zu sagen
erinnert sich
        an einen dunkelgrauen Tunnel
        an quälende Fragen

Freunde lassen ihr gut gemeinte Einladungen zukommen
    zum Café
    zum Dinner
    zu Wochenendtrips in die Berge
rufen sie immer wieder an.
Gemeinsame Freunde sind es, deshalb lehnt sie ab.

    Dafür kommt ihre Tochter Claire nun öfter
    mit schlechtem Gewissen und prallen Einkaufstüten.
    Den Kinderwagen stellt sie vor die Wohnungstür
    das Mädchen lässt sie im Wagen weiterdösen.
    «Ciao, Bella», sagt sie leise zu Claire
    streift mit den Lippen die hingehaltene Wange.
    Claire drückt dem Sohn ein Smartphone in die Hand,
        damit er still ist,
    immer tut sie das, wie kann sie nur, denkt sie, sagt aber
        nichts.
    Aber Claire sagt: «Mama, alt siehst du aus.»
    Und als Claire eine Woche später wieder mit vollen
        Einkaufstüten,
    dem sperrigen Kinderwagen, dem Sohn mit dem
        Smartphone in der Hand
    vor der Tür steht:
    «Und diese herabhängenden Mundwinkel. Lächle doch
        mal!
    Du siehst so streng aus, zum Fürchten.»
    Claire steckt die Mittelfinger in die Mundwinkel und zieht
        sie auseinander.
    Ihr Gesicht wird zur Grimasse, und sie merkt es nicht.
    «Oder ein lockerer Spruch zwischendurch.»

Das hat sie neulich schon mal gehört und kürzlich erst wieder
wer hat das zu ihr gesagt
und gemeint, ihr einen guten Tipp zu geben?
Lächeln. Schön sein. Sie schaudert, ging es bislang nicht auch so?

Die ersten Ränge bei den Golfturnieren
belegt sie schließlich nicht wegen ihres Aussehens

auch nach der Scheidung von Thomas.
Wofür ihr die Tochter die Schuld gibt.
> Sie hätte sich gehen lassen in den letzten Jahren, meint
> Claire.
> Man müsse auf sich achten, gerade wenn man Familie
> habe und in ihrem Alter erst recht.

Claire lebt, was sie sagt
sie selbst hat es ihr schließlich jahrelang eingetrichtert:
> während des Studiums einen Mann mit Perspektiven
> angeln,
> Kinder,
> ein Haus am See,
> Garten samt Gärtner,
> ausgedehnte Reisen im Sommer
> im Winter ein Haus dort oben, wo alle sich treffen, bei
> Küsschen & Champagner & Hummer.
Ja, Claire hat alles erreicht
fährt nun Kinder und Hund spazieren.
Hat erreicht, was sie auch einmal meinte, erreicht zu haben.

Claires Ratschlag hockt noch Monate später
zäh als Gedankenrinnsal hinter ihrer Stirn,
als sie am Küchenfenster ihrer Zweizimmerwohnung hirnt.
Das Haus hat Thomas verkauft
die Hälfte des Preises überwiesen.
Sie sieht aus dem Fenster
sieht dem Rauch zu,
wie er jeden Morgen aus den Kaminen buckelt
sich über die Stadtvillen und Mehrfamilienhäuser verzieht.
Ihre Finger sind heiß,
weil sie die Teetasse umkrallen.
Und kalt wie Eis, wenn sie später in den Spiegel blickt
mit den Fingerkuppen die Zornesfalte aus ihrer Stirn streicht.

Vor vielen Jahren zeigte sie einer Bekannten das Foto ihrer
> Mutter,
die wendete es hin und her.
«Frauen mit einer Falte senkrecht über der Nase traue ich nicht.»
Diese Bemerkung war in sie gefahren,

dabei war ihr die Mutter egal
und die Falte noch nie aufgefallen.
Seither sieht sie jedes Mal beim Blick in den Spiegel ihre Mutter
und die Falte steil im Gesicht, die sie verrät
sich tiefer und tiefer eingräbt.

Nach dreißig Jahren kann man sich nicht so einfach trennen,
weil man sich nicht von dreißig Jahren trennen kann.
Jede Erinnerung daran war wie endgültig,
was daran endgültig war, hätte sie nicht zu sagen gewusst,
nur geisterten diese Worte durch ihren Kopf.
Wochenlang, monatelang.

Immerhin überweist ihr Thomas jeden Monat Geld,
müsste er nicht,
erklärt man ihr,
wenn sie eine dieser gut gemeinten Einladungen annimmt.
Wie großzügig er ist!
Immerhin muss sie nicht arbeiten,
sich nur ein wenig einschränken.
Sie hatte nicht viel in die Wohnung mitnehmen können
deshalb: gezwungenermaßen von Vergangenheit befreien.

Nach dem Frühstück
der Zeitung
dem Checken ihrer Postings
sind die Mails dran und die Welt
klick klick klickt sie ihre Mailbox an,
könnte ja sein, dass gerade jetzt, da sie in der Welt herumsurft,
gerade in dieser letzten Sekunde was hereinploppt.
Die Mail mit der Betreffzeile «Magische Anziehungskraft» hat sie
    gelöscht,
zu schnell vielleicht, fischt sie aus dem Papierkorb.
Ein Weiterbildungsseminar, Auftrittskompetenz.
Sie meldet sich an und wünscht sich:
        Wegzaubern der Sorgenfalten
        magische Ausstrahlung.

Sie hoffe, es helfe,
schaden tue es sicherlich nicht, meint auch Claire.

Im Seminarraum mit dem grauen Spannteppich ein
    unmerklicher Stromstoß,
als sie dem Magier die Hand reicht,
seinem Blick ausweicht,
sie fühlt sich ertappt,
wird warm, wird rot,
versteckt sich in der hintersten Stuhlreihe.

Ein Schauspieler in purpurfarbener Samtjacke und schwarzen
    Schaftstiefeln
erklärt den Managern, Mediatoren und Pressefrauen
auf die Augen zu vertrauen.
Er lässt einen Kugelschreiber verschwinden
niemand findet ihn
zaubert den Stift wieder hervor.
Den Trick kann sie selbst nach der siebten Wiederholung nicht,
weil: die Handbewegungen zu kompliziert.
Nur seinem Blick folgt sie,
und das sei eben der Trick:
mit dem Blick die Menschen fesseln.
Das geht ihr fortan nicht mehr aus dem Kopf,
auch nicht sein Blick unter dunklen Locken.

Doch wie das mit diesem Blick gehen soll,
weiß sie nicht mehr,
als am nächsten Morgen im Spiegel
nur die Zornesfalte sie anstarrt,
die den Rahmen sprengt.
Gekränkt sieht sie weg.

Übt stattdessen den Löwen
streckt weit die Zunge heraus
schiebt die hängenden Backen zu den Wangenknochen
verharrt dort fünf Minuten.

    «Wenn man diese Bewegung bewusst macht und täglich übt,
    fließt den ganzen Tag lang ein Strahlen über ihr Gesicht»,
    sagt ihr neu erworbener Ratgeber zur inneren Schönheit.

Nur wachsen neben der einen Falte
Monate später kleine Furchen.
Die Wangen wabbeln.
Die Lidhaut erschlafft.
Da fällt ihr wieder ein Trick ein
ein alter Trick,
als sie Thomas noch nicht kannte,
als es ihr so elend ging
einer leidenschaftlichen, aber hoffnungslosen Liebe wegen
fast zerrissen hätte es sie,
wäre ihr da nicht eines Tages der Gedanke gekommen:
statt grundlos unglücklich grundlos glücklich zu sein.
Sie lächelt in sich hinein
übt vor dem Spiegel,
Unglück in Glück zu verwandeln.

Üben und beten und meditieren
morgens und abends
sich sammeln
mit Unglück und Glück verhandeln
auch wenn sie dabei fast einschläft.

Mit der Teetasse in der Hand,
die ihre Finger nicht wärmt,
sitzt sie später am Tag am Küchentisch.
Sie schläft, wenn sie müde ist,
isst, wenn sie hungrig ist, was sie selten ist.
So geht ihr Leben.

Auf dem Golfplatz meidet man sie
keine Einladung erreicht sie mehr in die Villen oben am See
gemeinsame Freunde rufen längst nicht mehr an, denn:
Thomas hat eine Neue.
Die sei lustiger, raunt man hinter vorgehaltener Hand
raunt es so laut, dass sie es beim Vorübergehen nicht überhören
    kann.
Seither wird sie genauer gemustert,
wenn sie als Gast bei einem Frühlingsturnier auftaucht.
Auf dem Platz gilt sie noch immer als unbesiegbar.

«Wie machen Sie das bloß?»,
fragt eine Frau spitz
trippelt zu ihr hin,
will ihr Geheimnis wissen.
Kennt sie die Geschichte nicht,
dass sie so dreist und unerschrocken fragt?
«Jeden Morgen und zweimal die Woche After-Work-
  Meditation.
An sich arbeiten.
Loslassen.
Wie beim Golfspiel.
Wenn der Ball fliegt, einen Bogen in der Luft beschreibt.
Schauen Sie nur!»
Sie legt den Schläger an den Ball
holt aus
schlägt zu
ist ganz still
sieht versonnen dem Ball nach.
«Der Rasen, die Bälle,
sie sind wie das Leben», sagt sie zu der Frau.
Die hebt die Augenbrauen
die Haut über ihren Wangenknochen spannt gefährlich,
als zerreiße sie gleich,
«zu esoterisch», stöckelt zurück
zu den ondulierten Champagner-Nipperinnen.
Tief halten die ihre Nase in den Kelch
verschießen über den Glasrand Pfeile aus ihren Augen.

Die Unterlagen für die Scheidung unterschreiben
auf einen Zettel die Worte: «Ich bin frei»
die letzte Flasche Champagner in einem Zug leeren
den Zettel in die Flasche
mit der Flasche in den Wald
bis sie ans Ufer eines Baches gelangt.
Lange hineinschaut und wartet
wartet und schreit und die Flasche hineinschmeißt.
Kurz geht die Flasche in einem dunklen Wirbel unter
taucht wieder auf
zerschellt an einem Stein.

Tags darauf bucht sie eine Reise in den indischen Norden.
Yoga, Meditation, Ayurveda
und ein Guru
sein Ruf gilt auch in Europa.
Schlafen, tagelang schlafen
in einem tropischen Paradies aufwachen
zu Füßen eines lächelnden Buddhas.
Feuchte Hitze streicht über ihre Haut.
Staub zu Staub, nichts mehr wollen, das will sie.
Sie übt sich im Sitzen und Nicht-Denken
erzählt Bruchstücke aus ihrem Leben
von Mann und Tochter.

Reinigen müsse sie sich von der Vergangenheit,
dann sei ihr spirituelle Schönheit sicher.
Wenn das alles ist, warum nicht?
10 000 Gebete bis zum Abflug.

«Es war so schön, so tief»,
erzählt sie beim Abendessen
eingeladen von der Unerschrockenen,
die noch immer ein Geheimnis wittert,
wo keines ist.
«Alles reinigen von innen heraus,
ein neuer Mensch werden.»

Nur wohin damit im Alltag
wenn alles verschwimmt,
was in den indischen Bergen einleuchtete.

Sich versenken, in sich gehen
fällt ihr wieder ein
doch dort ist es öd und leer.

Einmal sind die beiden Enkel über ein Wochenende bei ihr.
Abends fragt ihr Enkel:
«Warum siehst du immer so traurig aus?»
Sie zuckt zusammen
ist doch nicht traurig
glücklich ist sie

besser geht es ihr als je zuvor
sieht man das nicht?

Sie übt fortan mit eiserner Disziplin
Unglück in Glück zu verwandeln
täglich eine Stunde.
Als Meisterin der Golfturniere
muss sie ihre Gesichtszüge nur in die richtigen Bahnen zwingen.
Bald klappt es immer besser,
sie fühlt sich leicht, hell fast,
strahlt von innen heraus
strahlt Menschen aus großen Augen an,
die ihr Strahlen unerwidert lassen.

Und sie liest Bücher über Körpersprache, Gestik
Schönheit, die von innen kommt
isst Goji-Beeren
trinkt Sojamilch
verzichtet auf Alkohol.
«Für Schönheit muss man hart an sich arbeiten,
Schönheit ist nicht umsonst.»
Sie schneidet das Zitat aus
klebt es an den Rand ihres Bildschirms
lässt Nadeln in Ohrläppchen stechen
Schnecken über ihr Gesicht kriechen
betupft die Falten mit Schwarztee
trägt Perlencreme auf wie einst chinesische Kaiserinnen.

Doch nach ein paar Wochen stehen drei Falten
senkrecht über der Nasenwurzel
    die Mundwinkel hängen
    die Wangen schwabbeln
    die Falten trotzen ihrem Glück

Die Kosmetikerin ist ratlos.
Der Therapeut empfiehlt,
das Leben zu ordnen
angesammelte Erinnerungen abzulegen
Vergessen zu üben
sie werde sehen, das bewirke Wunder.

Einmal die Woche Vergessen üben
und doch alles erst benennen müssen, um es vergessen zu
    können.
Damit das Vergessen noch besser klappt
hilft sie mit einem Gläschen Rotwein nach
manchmal auch zwei, manchmal entdeckt sie erst am nächsten
    Tag,
dass es wieder eine halbe Flasche war.

    «Lass dich machen, ist doch nichts dabei»,
    rät ihr die Unerschrockene
    mittlerweile beim Du angekommen.
    «Eine Spritze alle paar Monate, rund um die Augen, das
        machen doch viele.»

Wenn es doch nicht von innen kommt
wenn doch die Energie blockiert ist!
Doch sie nimmt eine Dose mit Marshmallows
Testprobe, die Schönheit von innen verheißt.
Angeekelt vom Geschmack wirft sie das Döschen weg
surft durch die Welt der Schönen
liest:
    «Was Wirkung zeigt, ist nur mit aufwendigen Schnitten ins
        Fleisch zu haben.»
    «Verbände muss man sorgfältig anlegen und wechseln.»
    «Wegen der Empfindlichkeit der Haut darf man
        wochenlang nicht aus dem Haus.»
    «Nervengift kann zu Muskellähmung und Stillstand der
        Lungenfunktion führen.»

Und auf einmal sieht sie:
    verrutschte Visagen
    starr lächelnde Augen
    Löcher in Wangen
    schiefe Münder und große Lippen in schmalen Gesichtern.

Dreimal die Woche
nach der Morgen-Meditation
tritt sie das Rad
rennt auf dem Laufband

stemmt Gewichte.
Super-Kondi, Body-Attack, Power-Yoga.
Ist im Rausch
spürt ihren Körper, noch nie hat sie ihn so gespürt
Grenzen gespürt und genossen
der Kopf ist leer
keine quälenden Gedanken mehr
keine Erinnerungen
nur sie und ihr Körper.

Sich stählen
kein schönes Wort
aber es fühlt sich stark an
es gefällt ihr
es richtet sie auf
an ihm richtet sie sich aus
sprüht vor Energie
so stark wie nie
das merkt man doch, sieht man doch
trotz hängender Mundwinkel und wabbeliger Wangen.

Die Wochenenden werden kürzer
in den Fitnessstudios einsame Seelen
heben Gewichte ziehen Seile
pressen Polster beugen Rücken.
Ihr Lächeln geht nach innen
das übt sie noch immer
nur seltener eben
wippt zu harten Beats
immer schneller die Rhythmen
der Puls rast
      wenn Claire und ihre Familie mit Thomas und der Neuen
      zum Weekend in die Berge fahren.

Am Wochenende schaltet sie das Handy aus
den Anrufbeantworter
alles, damit sie nicht merkt
dass niemand nach ihr fragt
dass es nicht klingelt, piepst, summt,
den ganzen Samstag nicht und auch nicht am Sonntag.

Bis eines Abends die Enkelin zu ihr sagt:
«Oma, greif mal um meinen Arm, ich um deinen, genau
	gleich!»
Das Mädchen lacht.
Sie erschrickt, als sie die Zahl auf der Waage sieht:
eine vier und eine acht.
Müde ist sie bei den morgendlichen Meditationen
geht immer seltener
geht überhaupt nur noch zum Fitness aus der Wohnung
zum Einkaufen ihrer Proteinshakes.

Die Abende kürzt sie mit Wein
mal mehr mal weniger
wochenlang gar keinen
oder nur exzessiv an einem Freitag
damit das Wochenende nicht so endlos scheint
und sie am nächsten Morgen nichts mehr von den Tagen hinter
	ihr und vor ihr weiß
von den grauen Löchern in ihr
vom inneren Feind.

«Du hast ja abgenommen»,
sagt die Unerschrockene.
Sie spürt die Blicke von oben nach unten und wieder
	zurück
wie sie über ihren Körper gleiten.
Schaut an sich herab.
«Bist du krank?»
Sie schüttelt den Kopf
«Vielleicht, in deinem Alter, eine Routineuntersuchung?»
Sie schüttelt den Kopf.

Die grauen Löcher, sie werden größer.
Sie streut durch die Stadt
setzt sich in ein Café, in dem sie früher so gerne saß.
Da fällt es mit einer Wucht über sie her
genährt aus dem jahrelangen Nichts
fällt über sie her.
Thomas.
Wie sie sich hier getroffen haben. Hier.

Wie kann es sein, dass es mir noch wehtut
dieser Schmerz
ist doch schon so lange her, wie viele Jahre
wie kann es sein, dass er mit der anderen trotz mir,
ich war seine «Perle», zum Schmuckstück erstarrt
als er sich am Schmuck sattgesehen hatte
sah er sich um.
So erklärt sie sich das.
Ihr eigenes Glück verkehrt in Unglück.
Nur sie hat es nicht gemerkt
warum hat sie es nicht gemerkt?

Sie zittert vor Wut auf sich, auf ihn,
steht auf, stößt den Stuhl um,
rennt zur Tür hinaus, vergisst zu zahlen,
geht geradeaus, ohne zu wissen, wohin,
eine Treppe hinauf, seit wann ist hier eine Treppe?
Einfach nur hinauf, immer weiter, immer schneller
schmale breite Treppenstufen
da prasselt Regen auf sie nieder.

Die Stadt unter ihr
noch nie hat sie diese Stadt so gesehen
Schemen im Regenlicht.

Junge Menschen rufen
schieben sich an ihr vorbei
mit Kaffeebechern in der Hand und Jutebeuteln über den
    Schultern.
Sie geht ihnen nach, betritt eine Halle
das Lachen der Menschen perlt von den Wänden,
die tragen ein Lichtdach, der Himmel milchgrau.
Ahnungslos durchquert sie einen Säulengang
liest goldene Lettern in lateinischer Sprache
geht über breite Treppen
betritt einen Saal
die Sitzreihen so steil wie in der Oper, erster Rang.

Sie versteht nur wenig von dem, was die Frau vorn erzählt
dunkel ist ihre Stimme

sie hört zu und lässt sich davontragen
versteht noch immer nichts
bis etwas zu simmern beginnt
leise nur, heiß wird ihr, sie schreckt zusammen,
als es schrillt, Klappstühle nach oben schnalzen.
Die jungen Menschen streben dem Ausgang zu
wie ein Spuk scheint alles zu Ende.
Keiner beachtet sie.
Sie bleibt sitzen
sieht draußen die Kastanienbäume mit ihren blühenden Kerzen.

Bald wird sie dreiundsechzig
die steile Falte im Gesicht größer
die Zähne immer gelber
trotz der Zahnpasta «hart am Fleck, sanft zu den Zähnen»
Fältchen ziehen den Mund wie eine Zitrone zusammen.
Und zitronengelb ist das Lächeln, das sie in den letzten Jahren
   vor sich hertrug.

      «Es ist ratsam, rechtzeitig die eigene Denkzentrale in Gang
         zu setzen,
      um dem Altersschwachsinn nicht auf den Leim zu
         kriechen.»
      Hört sie bei einem Seminar.
      Und denkt: «Spaß macht es trotzdem keinen,
         dem eigenen Verwitterungsprozess zuzusehen.»

Der nächste Tag, ein Tag im Vorsommer oder einer im
   Nachsommer
so unentschieden das Licht
wie in einer Dunkelkammer
wie Negativbilder scheint alles auf,
was sich ansammelte in ihrem Leben
und verlöscht – für immer?
Wie viele Jahre wofür das alles.
Sie wägt die Jahre gegeneinander ab
kommt zu keinem Schluss.

Bis sie Hans kennenlernt.
Und ihr warm wird zwischen den Schenkeln

wenn sie an Hans denkt
in ihrem Alter!
Und sie kann sich nicht erinnern
ob jemals ob überhaupt?
Und wie er dieses taube Gefühl auf ihrer Haut wegküsst.
Sie traut sich fast nicht, diesem Glück zu trauen.
Hans mit seiner kleinen Rente, nicht immer einfach,
aber hochgewachsen und stattlich.
Ein paar Monate später zieht er bei ihr ein.

«Die Zeit», so erklärt sie es Claire,
«ist kreisförmig. Jugend und Alter tauchen auf,
sind über das ganze Leben verteilt, genau wie das Glück und die
    Liebe.
Manchmal wiegt eine Minute des Glücks viele Jahre auf.
Manchmal muss man sich mit der Hoffnung darauf begnügen.»

Doch Hans klebt an ihr
neidet ihr alles
lässt sie nicht
falsches Sehnen
falsch Verlangen.

Sie sagt nichts zu ihm, als sie ihr Leben in drei Koffer packt
in Gepäckfächer am Bahnhof einschließt
in die Berge fährt und mit einer Gondel auf einen Gipfel.

Sie streckt ihr Gesicht
ein vom Leben polierter Kieselstein
zur Sonne hin.
Das Glück gleitet über sie hinweg und tief in sie hinein.

Da tritt die Unerschrockene wie aus dem Nichts neben sie:
«Was strahlst du denn so? Grund hast du wahrlich keinen.»
«Gerade deshalb.»
Grundlos glücklich.
Nach all den Jahren hat sie verstanden,
dass es sich jeden Augenblick wegducken kann, dieses
    Glück.

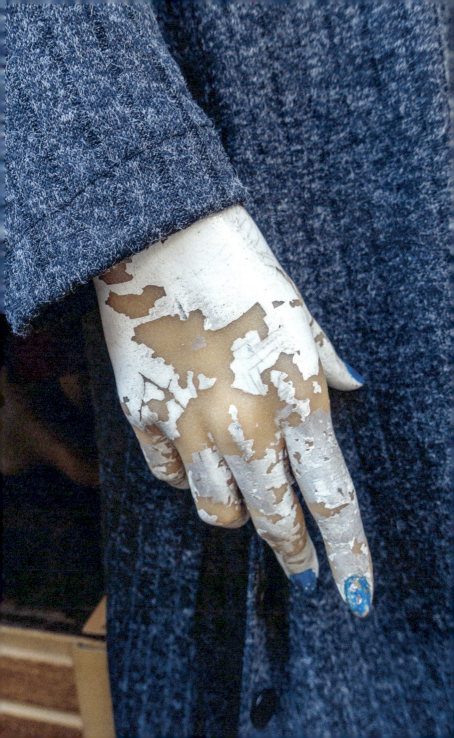

Bei einer Täuschung
wäre das Ent-Täuschen ein
bedeutsamer Schritt.

Zum Buch: Irgendwann hatte Mine Dal damit angefangen, ihren E-Mails Fotos anzuhängen – einfach so, zur Freude der Empfänger:innen und anstelle eines Insta-Accounts. Alice Grünfelder nahm den Ball auf und liess sich von den Bildern für ihre Texte inspirieren. Beiden eigen war die Lust am Aufdecken von Abgründen, von unschönen Seiten.

Die Fotos schaben Oberflächen frei und erzählen von Versehrungen, von Vereinzelungen. Die Texte spannen einen ganzen Lebensbogen, von der Kindheit übers erste Verliebtsein bis hin zur schmerzhaften Trennung im Alter.

Mine Dal, türkisch-schweizerische Fotografin, studierte in Istanbul Germanistik und Kunstgeschichte. Ihr Fotoband «Everybody's Atatürk» (Edition Patrick Frey 2020) wurde für den Arles Book Award nominiert. Mine Dal lebt und arbeitet in Zürich.
www.minedal.com

Alice Grünfelder, gelernte Buchhändlerin, studierte Sinologie und Germanistik, arbeitete als Lektorin, veröffentlichte literarische Kurztexte in verschiedenen Medien, gab Bücher über Länder in Asien heraus. Zuletzt erschienen «Die Wüstengängerin» (2018), «Wolken über Taiwan» (2022) und «Jahrhundertsommer» (2023). Alice Grünfelder lebt und arbeitet in Zürich.
www.literaturfelder.com